Discours.

INFLUENCE
DU GOUVERNEMENT
REPRÉSENTATIF,

DEPUIS QUINZE ANS EN FRANCE,

SUR LA LITTÉRATURE

ET SUR NOS MŒURS.

Épigr. Le gouvernement représentatif encourage la littérature et les mœurs; il en est le plus ferme soutien.

FÉVRIER 1830.

TOULOUSE,

IMPRIMERIE DE BENICHET CADET,

RUE FOURBASTARD, N. 26.

de tous les pays.

L'AURORE de la liberté, que je prédisais en France au commencement de l'année, s'étend aujourd'hui à tous les pays de l'univers. La France est libre; elle possède un roi citoyen. Trois journées ont hâté le bonheur du monde de plusieurs siècles. Assez long-temps la calomnie a déversé tout son venin; le règne de la vérité commence. Le républicain instruit est philanthrope, il est l'ami de tous les peuples; il n'a qu'un vœu, le bonheur de tous, qu'un seul désir, de voir sur la terre le règne des lois et de la liberté.

Toulouse, Décembre 1830.

B.-L. CORAIL.

INFLUENCE

DU

GOUVERNEMENT REPRÉSENTATIF,

DEPUIS QUINZE ANS EN FRANCE,

SUR LA LITTÉRATURE ET SUR NOS MOEURS.

Discours. (1)

Quinze siècles d'esclavage avaient flétri la France. Avili sous le triple joug des prêtres, des nobles et des rois, le peuple seul était compté pour rien, les Français étaient des ilotes. Des Alpes et du Rhin à l'Océan, des Pyrénées au Nord, le sol tout entier était un volcan, une étincelle l'embrasa; le gouffre des révolutions s'entr'ouvrit; priviléges, fortune, amis, ennemis, furent engloutis dans le même abîme; de grands crimes firent éclore de grandes vertus. Le calme revint enfin après un si cruel orage; la gloire des combats, cimentée du sang de nos guerriers, vint nous dédommager de tant de maux, et la victoire fidèle à nos soldats consolida la liberté. Elle semblait acquise pour toujours : vain espoir! elle devait périr sous les coups

(1) Ce discours, auquel je n'ai rien ajouté ni retranché, fut envoyé à la Revue en février 1830. J'eus la faiblesse de concourir : quel aveuglement! C'était parler couleurs à des aveugles, harmonie à des sourds. Une certaine pudeur retint les juges indécis pendant quelque temps; ils se décidèrent enfin. N'avaient-ils pas à craindre les puissans du jour, leurs pensions à conserver? L'ouvrage le plus froid, le plus ennuyeux, le plus antilibéral, fut couronné.

de son plus zélé défenseur. Fils ingrat il l'étouffa sous des lauriers.

L'aigle étendait son vol rapide des colonnes d'Hercule aux bords du Niémen, tout le continent soumis obéissait à ses lois. Les Français éblouis portaient leurs chaînes sans murmurer ; ils étaient ivres d'une gloire dont ils supportaient le fardeau. C'en était fait : tant de sacrifices étaient devenus la proie d'un ambitieux ; les cœurs énervés s'amollissaient à l'esclavage. Ce colosse de grandeur épouvantait les peuples et les rois ; au faîte de sa puissance, il paraissait indestructible ; il essuie un revers, il succombe. Tous les liens étaient rompus ; la nation qu'il avait opprimée ne fit rien pour le soutenir ; elle vit sa chute avec indifférence, espérant un meilleur avenir.

La charte, gage de réconciliation entre tous les Français, vint nous consoler de nos revers ; la paix, le bonheur et la liberté, nous éblouirent d'un moment d'illusion ; on se croyait au port après tant d'orages. Mais comment satisfaire toutes les ambitions ? Les nouveaux courtisans étaient insatiables ; moins ils méritaient de récompenses, plus leurs prétentions devenaient exagérées. Peu leur importait de tout compromettre ; ils secouaient aveuglément les brandons de la discorde, ils allumèrent le foyer d'une nouvelle guerre civile. Que devinrent tous ces héros au moment du danger ? Ils disparurent. Les soldats, accoutumés à vaincre, se rangèrent sous la bannière de leur ancien général. Le moment était décisif : il fallait s'unir franchement à la nation ; il hésita. L'on entrevit le despote ; les Français se séparèrent de lui ; une première défaite entraîna sa ruine.

Nous éprouvâmes de nouveaux revers ; la France fut traitée en pays conquis, on l'accabla d'impôts. Ne nous en plaignons pas, nous leur devons notre indépendance. Sans le gouvernement représentatif on n'eût jamais pu les payer. La charte qui nous régit peut être offerte en modèle à tous les peuples. Sachons être fermes, mais modérés. En nous sont tous les élémens de bonheur. Nous avons acquis assez de gloire ; quinze années de paix nous ont familiarisés avec le règne des lois. Quelle a été l'influence du gouvernement représentatif sur notre littérature et sur nos mœurs ?

PREMIÈRE PARTIE.

Influence du Gouvernement représentatif sur notre Littérature.

Les littérateurs sont à la tête de la partie de la nation la plus éclairée ; ils donnent à leurs contemporains et à la postérité l'exemple le plus sublime du patriotisme ; ils abjurent toute haine politique ; un saint enthousiasme les dirige vers le même but, l'amour de la patrie. Historiens, poètes, orateurs, philosophes, tous n'ont qu'un sentiment, l'amour de la justice et de la vérité. L'instruction plus répandue chaque jour se propage avec la rapidité de la flamme ; on est heureux et fier d'appartenir à une époque où il n'existe d'autre distinction que celle que donnent les talens, le courage et les vertus. Une plume vénale est livrée au mépris public ; l'écrivain, quel qu'il soit, ne peut réussir qu'en prenant pour base la justice. Point d'exagération, qu'il respecte les lois, qu'il soutienne les opprimés. Gloire aux grands hommes les pères de l'état ! honte éternelle à la lâcheté et à l'infamie !

L'histoire est le miroir des temps ; ses images doivent être vraies, fortes, énergiques. Saisir habilement les ressorts cachés des ambitieux, glisser sur de stériles détails, approfondir les crimes que de vils flatteurs osent offrir pour modèles en les présentant sous un faux jour, attendrir nos cœurs par le récit touchant des grandes infortunes, ouvrir nos ames au repentir et à l'indulgence en retraçant avec chaleur les faiblesses humaines, grouper avec art les scélérats et leurs victimes, faire succéder aux scènes de barbarie le contraste des plus douces vertus, être vrai, ferme, impartial, sans passions, n'avoir d'autre énergie que celle du cœur, d'autre ambition que celle d'être utile à ses semblables, d'autre désir que de former des Français un peuple de frères, tel est l'historien que l'on désire, et que la France attend encore. Que dis-je! il existe peut-être, il prépare déjà ses immenses matériaux, il travaille en silence. Cette noble tâche exige un grand nombre d'années : il est digne de notre époque de voir paraître ce prodige. Puissions-nous jouir bientôt d'un Tacite français !

Dans les premiers temps du gouvernement représentatif, la France était dans le deuil, la présence de l'ennemi souillait son territoire. Son ancienne gloire était pure, elle excitait la haine de ceux qui n'avaient pu la vaincre que par la force du nombre, et l'appui des traîtres qu'ils soudoyaient pour la trahir. Une armée formidable existait encore sur la Loire, de nombreuses places fortes ; le moindre élan patriotique pouvait exterminer ces hordes étrangères ; les Français voulaient sincèrement la paix, ils déposèrent les armes sur la foi d'un traité. Qui pourrait retracer sans frémir ces pages hideuses de nos dissentions civiles ? qui ne reconnaît partout la main invisible de l'étranger ? Nos guerriers l'avaient vaincu tant de fois sur le champ de bataille : il fallait les immoler. Ney fut sacrifié. Tant de lauriers moissonnés dans des milliers de combats qui ombrageaient sa tête, ne purent la garantir. Le même sort fut réservé à nos plus vaillans défenseurs. Nîmes, Avignon, Toulouse, Bordeaux, Lyon, Grenoble et la France entière, gémirent sous le joug et le despotisme étranger. La fureur des partis fut excitée, tous les liens de la morale rompus, la délation en honneur et récompensée. En vain quelques députés courageux voulurent faire entendre leurs voix ; les énergumènes, associés aux complots de nos ennemis, osèrent traiter leurs plaintes de mensonges, et renouvelant les excès de 93 ils étouffèrent les cris de leurs victimes par des vociférations et des murmures.

Honneur aux poètes français ! Sylla parut. Notre nouveau Roscius fit entendre sa voix ; il flétrit les délateurs, il électrisa la France entière ; les applaudissemens furent unanimes ; l'indignation, retenue depuis long-temps, fit explosion de toutes parts ; on osa flétrir l'infamie, nous reçûmes une nouvelle vie. Le gouvernement représentatif a marché en France depuis cette époque, mais il reçut alors son élan de la poésie.

Nos poètes sont devenus citoyens ; l'amour de la patrie respire dans leurs ouvrages, leurs écrits expriment l'enthousiasme dont ils sont pénétrés. On est fier de leurs succès, on les partage avec délire ; chaque jour les applaudissemens du théâtre les dédommagent de leurs veilles ; leur génie est en sentinelle, il saisit avec avidité tout ce qui peut propager le patriotisme. Leur courage égale leur talent ; ils attaquent les puissances du jour avec franchise, forts de la justice de leur cause ; ils impriment tour à tour le ridicule, la gloire ou l'infamie : l'admiration et des applaudissemens unanimes sont leur récompense.

La tribune nationale est le Forum de l'univers ; ses nobles accens retentissent jusqu'aux pôles dans les deux mondes ; asile du malheur, elle protége toutes les infortunes. La vérité, si long-temps bannie de l'oreille des rois, se fait entendre ; en vain d'avides courtisans, gorgés de décorations et de richesses, veulent étouffer sa voix : l'opinion les flétrit et les repousse. Chaque jour voit diminuer leur nombre dans l'enceinte des représentans de la nation ; on leur demande compte des faveurs que le mérite seul devrait obtenir, on est indigné que les sueurs du pauvre, arrachées goutte à goutte à la classe laborieuse, viennent augmenter le faste d'orgueilleux opulens, qui, par leur mépris et leur jactance semblent insulter la misère des peuples dont ils dévoraient les richesses.

Courage ! intrépides députés d'un peuple libre, osez remplir votre tâche : les momens sont difficiles ; mais que ne peut le courage guidé par la justice ! Soyez respectueux envers les lois, mais fermes dans vos devoirs ; soyez fidèles à vos sermens ; que la charte soit votre guide ; tous les regards sont tournés vers vous. Vous êtes le seul refuge des peuples opprimés ; le bonheur de tous est entre vos mains. Montrez-vous les dignes successeurs du général Foy ; voyez-le planer sur vos têtes ; contemplez ces traits augustes ombragés de palmes et de lauriers, entendez sa voix qui vous crie : « Sauvez la France ! De perfides ennemis veulent vous désunir pour vous perdre, ils frémissent de sa prospérité ; vos anciens triomphes ont obscurci tous leurs exploits ; leur rage impuissante est insatiable de vengeances. Tous les héros morts pour la patrie vous contemplent ; la vie n'est rien, la gloire seule est immortelle. Peuple que je chéris, tu m'as fait regretter l'existence ; en cessant de vivre j'ai dû cesser de te défendre, mais je n'ai pu cesser de t'aimer ; ma reconnaissance est éternelle. Puissent mes vœux être exaucés ! Puisse ma mémoire associer dans vos cœurs, au souvenir du guerrier, la soumission aux lois, l'intrépidité dans les dangers, et le dévouement à la patrie ! »

Repose en paix, ombre bienheureuse ; tes vœux seront remplis, ton digne exemple a de nombreux imitateurs ; nos députés seront dignes de toi. Le gouvernement représentatif, dont tu fus le plus ferme soutien, se consolide chaque jour davantage ; les citoyens savent mieux apprécier leurs devoirs, ils sont fidèles au poste que la loi leur impose ; l'élite de la nation rivalise du plus noble zèle pour la représenter dignement. Savans, avocats, poètes, guerriers, aucun ne dédaigne d'entrer dans la lice des candidats ; tous les talens , toutes les vertus, sont guidés par le patriotisme ; la plus noble franchise préside au concours. Dès que le vœu public est indiqué par le scrutin , on s'empresse d'y souscrire en se réunissant à la majorité du plus grand nombre : conduite généreuse digne d'un grand peuple.

La réunion imposante d'un concours si nombreux des plus grands talens dans tous les genres , produit la plus salutaire influence. Chacun apporte avec soi les améliorations qu'il a méditées d'une session à l'autre ; il faut s'exprimer avec clarté ; on rougirait de ne pouvoir élever la voix dans une enceinte où brille la plus vive éloquence. Le goût de la littérature devient une nécessité, des bibliothèques nouvelles se forment ; pas un postulant à la candidature qui ne comprenne le besoin de s'instruire ; les talens sont plus appréciés , les choix ne peuvent que s'améliorer.

Les discours de la chambre reproduits par les journaux forment l'opinion publique. Éclairer le peuple et l'instruire est une vérité reconnue par tout le monde ; le meilleur moyen de remplir ses devoirs , est de les bien connaître. Il ne s'agite pas une question utile qu'elle ne soit avidement accueillie par les départemens. L'instruction primaire si négligée , surtout dans le midi de la France , prend son essor depuis quelques années ; des associations bienfaisantes dans le même but se forment de toutes parts. L'émulation s'est introduite parmi les instituteurs , les bienfaits de l'enseignement mutuel se propagent , de nouvelles méthodes facilitent les progrès des élèves. Espérons que bientôt dans toutes les communes tous les Français , que leur pauvreté privera de maîtres , trouveront dans leurs semblables les secours nécessaires pour jouir des bienfaits des premiers élémens d'instruction.

La liberté, que ses détracteurs affectent de confondre avec la licence , est l'ame du gouvernement représentatif ; c'est par elle qu'une concurrence s'établit dans tous les états, et l'imprimerie a subi cette loi commune.

Les auteurs ont profité de ce mouvement, et les propriétés littéraires ont créé des fortunes nouvelles presque inconnues à nos devanciers. Toutes les branches de
la littérature sont devenues lucratives, les manuscrits
valent des sommes à leurs auteurs. Le goût de la lec-
ture se propage, l'instruction augmente le nombre des
lecteurs. Tel ouvrage, dont on n'aurait tiré que 10,000
exemplaires, est tiré à 100,000 ; il met le libraire à
portée d'en diminuer le prix en augmentant ses béné-
fices. L'auteur, qui joint au motif de gloire l'appât non
moins séduisant des richesses, ne dépend plus que de
lui-même ; il acquiert une honorable indépendance et
devient heureux par son travail.

Depuis quinze ans nous jouissons en France du gouvernement représentatif ; plusieurs grands citoyens se
sont voués à sa défense, ils ont donné l'exemple du
plus noble dévouement. Quelques-uns, consacrant leurs
veilles, leur tranquillité, leur repos, leur fortune,
bravèrent avec courage les clameurs d'une majorité
vendue au pouvoir. Un petit nombre succombant à tant
de fatigues y trouva une mort honorable. Un d'eux, le
plus éloquent de tous, auquel ils ne savaient répondre
que par des cris impuissans, par lesquels ils cherchaient
d'étouffer sa voix, fut arraché de ses collégues par la
violence ; ses chagrins le conduisirent bientôt au tom-
beau. Quel est donc le motif si puissant qui a pu leur
faire supporter tant de dégoûts, de menaces, de tour-
mens, la mort même ? Le prestige éblouissant de la
gloire. La nation entière, par des regrets unanimes,
leur exprima sa reconnaissance ; leur âme satisfaite se
dégagea sans efforts, et confiante en l'avenir elle pré-
vit l'immortalité.

La littérature est le délassement des grands hommes ; les modèles de l'antiquité excitent leur enthousiasme, les plus beaux traits de l'histoire se gravent
dans leur mémoire, une noble émulation est excitée,
chaque action de leur vie fait éclore une vertu.

O vous, mandataires du peuple, vous que votre em-

ploi sublime appelle à soutenir nos droits, à consolider
notre bonheur, cultivez les lettres; elles vous dédom-
mageront de leur culture, elles développeront votre
éloquence; vous puiserez dans leur ressource les moyens nouveaux de réussir; votre esprit, fatigué de discussions pénibles, pourra se délasser en s'instruisant
encore. Il est, je le sais, des génies heureux formés
par la nature qui réussissent sans études; sans le secours de l'art, leur improvisation transporte; grandeur
d'âme, sagesse, justice, leur bouche respire tous les
sentimens généreux; leur éloquence est un torrent qui
entraîne tout sur son passage, et qu'il est impossible
d'arrêter. Tant de qualités sont sans doute indispensa-
bles; mais, pour égaler le mérite des orateurs célèbres
de l'antiquité, il faut que l'étude ait mûri le jugement,
qu'une immense érudition fournisse des matériaux suf-
fisans pour traiter sur le champ tous les sujets sans efforts. De cet accord indispensable des qualités natu-
relles aux ressources de l'art, naquirent les deux plus
parfaits modèles d'éloquence.

Eschine, environné de ses élèves, prononça son discours de la couronne; il fut couvert d'applaudissemens.
Il leur lut ensuite la harangue de Démosthène : l'enthousiasme fit place au délire; lui-même céda à cet
entraînement; dieux! s'écria-t-il, si vous l'aviez en-
tendu lui-même !

Le dictateur César voulait faire périr un proscrit.
En siégeant sur le tribunal il l'avait déjà condamné
d'avance, il tenait dans sa main la terrible sentence,
il dédaignait d'entendre le défenseur. L'orateur romain
eut le courage de défendre cette victime; jamais les
accens du cœur ne trouvèrent un plus noble interprète.
Tu l'emportes, Cicéron, s'écria César, et Marcellus
fut sauvé.

Le gouvernement représentatif se borne à repousser
les agressions injustes; la littérature peut fleurir à l'ombre de la paix qu'il protége. Français, sachez jouir
dans le repos, cultivez les lettres. La jeunesse recher-

che les plaisirs des sens ; qu'elle donne quelques loisirs à l'étude : la modération est le guide du sage ; vous ornerez votre esprit, vous vous préparerez des consolations pour l'avenir. Dans le plaisir, la poésie sert d'ornement à nos fêtes ; l'instruction donne le courage dans les revers, elle sert d'asile et de consolation dans l'adversité. La littérature embellit tous nos instans ; plus d'ennuis, plus de satiété ; notre goût s'épure et devient plus délicat, la variété des connaissances multiplie notre être, nous jouissons à chaque heure du jour. Un esprit exercé trouve continuellement des ressources en lui-même ; il voit arriver sans effroi les progrès de l'âge, et quitte sans regrets une vie dont il sut utiliser tous les instans.

DEUXIÈME PARTIE.

Influence du Gouvernement représentatif sur nos Mœurs.

La promulgation de la charte en 1814 n'apporta aucun changement dans les mœurs habituelles du peuple. Les Français étaient égaux devant la loi, payaient les impôts suivant leur richesse, étaient admissibles à tous les emplois civils et militaires, et jouissaient de la liberté des cultes ; ils n'en avaient pas davantage sous l'empire. La liberté de la presse fut une conquête nouvelle. L'inamovibilité des juges, la publicité des débats, l'institution du jury conservée, et surtout l'abolition de la confiscation des biens, remplirent tous les vœux. Les impôts ne pouvaient être votés sans le consentement des deux chambres et la sanction du roi ; les ministres étaient responsables, la noblesse purement honorifique. Tous les gens instruits et raisonnables applaudirent à ces bienfaits, et le temps est venu sanctionner leur jugement.

Après le désastre de Waterloo, l'influence militaire fut détruite ; il ne resta dans les armées que ceux qui possédaient les hauts grades ; et tous les officiers qui eurent quelque ressource dans leur fortune ou dans leur mérite, se hâtèrent d'abandonner une carrière qu'ils prévirent ne devoir plus leur offrir le moindre avantage. Les soldats rentrèrent dans leurs foyers. Ce fut un beau spectacle que de voir tous ces vieux guerriers, le front couvert de nobles cicatrices, observer la discipline la plus sévère, braver les insultes, les provocations avec calme, et donner l'exemple des vertus civiles, après s'être immortalisés dans les combats.

Dès cet instant une révolution fut opérée en France dans tous les esprits : l'aisance était devenue plus générale, il fallait la conserver. A des idées de gloire ont succédé des idées d'industrie, la nécessité en a hâté le développement. La France s'est grandie de dix siècles en quelques années, les sciences ont fait des progrès immenses, les arts agréables se sont multipliés à l'infini, des fabriques nouvelles se sont créées dans tous les genres, l'agriculture enfin mieux entendue se perfectionne, et vient terminer le tableau vif et animé du plus grand peuple qui fut jamais.

La chimie est une source de richesses, et l'auxiliaire obligée de presque tous les arts ; elle devient une partie essentielle de l'instruction publique. De nos jours, nous lui devons l'éclairage au gaz, la découverte de plusieurs acides, une manière nouvelle de faire le charbon, qui en double le produit, la fabrication de la soude factice, le perfectionnement des poteries et des porcelaines, devenues, par leur bas prix, d'un usage presque général ; l'introduction en France des fabriques d'acier, de limes et de faux ; la préparation en grand du sucre de betterave. Le système de la vapeur s'applique successivement à toutes les mécaniques, on l'adapte à la navigation. Enfin, des médecins intrépides n'ont pas craint, confians dans les nouvelles découvertes, de rechercher la peste, et de faire sur eux-mêmes les expériences les plus hardies. N'avons-nous pas vu à Barcelonne, et récemment encore à Gibraltar, nos jeunes médecins se disputer à l'envi l'honneur de soulager l'humanité, et braver des dangers certains avec audace ? L'un d'eux n'a-t-il pas succombé ? Voilà l'éloge de l'époque actuelle ; c'est la seule réponse à faire à ses détracteurs. Les siècles passés offrent-ils un plus bel exemple de dévouement ?

L'essence du gouvernement représentatif est de bien faire connaître la situation de l'état. Il faut discuter les dépenses ; les efforts des chambres doivent tendre à les diminuer, mais enfin il faut les payer ; et plus les impôts sont excessifs, plus il faut de talent pour alléger ce fardeau et le rendre supportable. Favoriser tous les élémens de la prospérité publique devient une nécessité.

Nos musées furent dépouillés par nos ennemis en 1815. Cette perte fut vivement ressentie par tous les amis des arts. Pour diminuer ces regrets, un noble élan fut donné, et les artistes français répondirent dignement à cet appel : la France fut étonnée de ses propres richesses.

Pendant nos jours de gloire, le blocus continental offrit un immense débouché à notre industrie. Le sol français s'étendait de Hambourg aux extrémités de Rome ; tout le continent était le tributaire obligé de la France. Resserrés dans nos limites, il fallut bien utiliser les capitaux : le commerce s'agrandit, des fabriques nouvelles s'élevèrent de tous côtés ; le bas prix des marchandises augmenta la consommation de tous les articles ; tous les genres de spéculation furent essayés tour à tour. Paris et toutes les villes de France s'embellirent de constructions nouvelles. Un mouvement prodigieux, excité par une émulation réciproque, s'est imprimé dans tous les esprits. Les voyages entrepris en Angleterre ont perfectionné toutes nos machines, nos voitures publiques ; la concurrence est venue augmenter ce développement, et jamais en France on n'a voyagé ni plus commodément ni à moins de frais. Le gouvernement s'est associé à cette impulsion générale, et des moindres hameaux on communique chaque jour par la poste à toutes les extrémités de la France. Cette nouvelle conquête du gouvernement représentatif contribue à détruire tous les abus en rendant plus faciles les communications des citoyens.

Le jeu de la bourse est venu se mêler à tant de bienfaits ; des fortunes immenses s'engloutissent chaque jour ; Paris a concentré les plus grandes fortunes de France. A proportion que l'intérêt de l'argent a diminué, les propriétés ont augmenté de valeur : on a préféré obtenir 4 et demi, 5, que 2 pour cent. Les grandes terres se sont vendues ; mais, comme on retire moitié en sus en détaillant, tout se vend par parcelles, et le nombre des prolétaires diminue chaque jour. Plusieurs individus spéculent dans les départemens ; ils vendent à bénéfice à des paysans qui ne possèdent que leurs bras. Ceux-ci, bientôt encouragés par l'avenir, multiplient leurs travaux avec joie, et, devenus paisibles possesseurs, ils augmentent l'aisance et l'instruction de leur famille.

La classe moyenne, négocians, médecins, jurisconsultes, artistes, et jusqu'aux plus petits artisans, également imbus des bienfaits de l'instruction, rivalisent d'émulation, de zèle, et ne regrettent aucun sacrifice pour l'éducation de leurs enfans. On ne se contente même plus des études sérieuses, on a senti l'influence des talens agréables sur le bonheur de la vie, et le goût des arts, et surtout de la musique, s'est introduit dans toutes les classes de la société.

La musique est de tous les délassemens le plus agréable, celui qui offre le moins de satiété, et ne fait jamais éprouver de regrets ; elle préserve la jeunesse de l'écueil des passions, et contribue à la santé du corps par l'égalité qu'elle répand dans le caractère ; elle adoucit les mœurs. Compagne aimable de notre enfance, elle contribue à calmer nos peines dans le cours de la vie, elle devient une ressource honorable dans le malheur, et dans la vieillesse elle charme encore nos derniers jours ; elle embellit nos fêtes, elle est l'interprète de la douleur ; elle fesait partie de l'éducation chez les peuples libres. Les orateurs, les poètes, apprenaient par elle à réciter leurs ouvrages. Elle peint tour à tour l'énergie, la fureur, la pitié ; elle élève l'ame par ses nobles accords, elle exprime avec délire les sentimens passionnés de l'amour. A la noble simplicité de Pergoleze, aux conceptions profondes de Haydn, Mozard, Béethoween, a succédé le génie le plus sublime. Moins savant peut-être, mais plus hardi, plus fécond, plus varié, il a dépassé la carrière ; jamais la liberté n'exprima de plus nobles accens. Rossini méritera la reconnaissance éternelle des Français ; il a su réveiller dans leur cœur le patriotisme engourdi, et les Grecs malheureux ont trouvé dans ses chants leur plus zélé défenseur.

La paix que nous devons au gouvernement représentatif, depuis quinze années, a diminué le nombre de nos soldats, et laissé plus de bras à l'agriculture. Les propriétés, en se divisant, sont mieux cultivées, et en ont triplé les produits ; l'agriculture se perfectionne chaque jour, et devient la première ressource de l'état. Le paysan est mieux nourri, mieux vêtu, mieux logé. Dans le midi de la France, où il était le plus malheureux, dans le Haut-Languedoc surtout et la Gascogne, le pain de froment a succédé au maïs, aux pommes de terre ; le pantalon, la veste de drap et les souliers, au sarreau de toile et à la ceinture en cuir, ancien costume de la servitude. Aux approches des villes, et partout où les propriétés sont divisées, le prix des journées a augmenté ; le sort du laboureur, du simple ouvrier, s'est amélioré ; il peut faire quelques économies ; dès qu'il peut acheter le moindre petit champ, sa fortune est faite. Dans le temps où les seigneurs et les moines possédaient toutes les campagnes, les habitans étaient obligés de travailler pour eux, et les jours de fêtes multipliés avaient dû leur institution à un motif d'humanité. Les grandes terres sont encore dans le même cas ; mais aussi remarquez la mollesse, l'insouciance, l'apathie de ces esclaves malheureux : heureusement le nombre en diminue chaque jour. O vous, propriétaires riches, qui ne voulez payer la journée des ouvriers que 50, 60 c., comment voulez-vous que ces infortunés puissent entretenir eux et leur famille avec une paie si modique? N'ont-ils pas à supporter le mauvais temps, les fêtes où ils ne gagnent pas de journées? ne sont-ils pas sujets plus que nous, par leur misère, aux maladies, aux infirmités de l'âge? Vous voulez qu'ils soient probes, donnez-leur donc les moyens de le devenir ; qu'ils puissent honnêtement par leur salaire gagner leur vie, que le désespoir ne les rende plus criminels.

Le départ et le retour dans les foyers des hommes qui alimentent l'armée, est un bienfait pour les malheureux des pays sans industrie. En arrivant aux corps auxquels ils sont destinés, ils sont mieux habillés, mieux nourris que sous le toit paternel. Les écoles d'enseignement mutuel, établies dans chaque régiment, ouvrent leurs idées ; les exercices militaires redressent leurs membres roidis par les mauvaises habitudes ; ils prennent un nouveau maintien, ils s'instruisent par les voyages. A la vue des pays agricoles, de l'aisance, de l'activité, du bonheur de ceux qui les cultivent, une impression nouvelle frappe leurs esprits, ils en ressentent les effets toute la vie. S'ils reviennent au lieu qui leur donna le jour, ce ne sont plus les mêmes hommes ; ils sentent une supériorité marquée sur leurs semblables, ils contribuent à détruire l'influence des préjugés, ils sont plus actifs, plus laborieux ; familiarisés avec le danger, ils portent avec eux l'empreinte du courage,

*

ils sentent la fierté des hommes libres, ils en contrac-
tent la dignité.

La confiscation est une lèpre continue des gouver-
nemens absolus. La loi qui consacre cette iniquité chez
les peuples asservis est injuste, barbare, antimorale,
entièrement subversive de l'ordre social ; elle est la
source de tous les crimes qui souillent l'histoire des
nations. Est-il rien de plus sacré que la propriété légi-
timement acquise par le travail? Punir l'enfant innocent
de la faute du père en le dépouillant par la violence,
n'est-ce pas rendre la loi criminelle? Des courtisans
avides, ruinés par de folles prodigalités, n'ont-ils pas
intérêt de supporter des crimes imaginaires? de colorer
leur rapine du prétexte spécieux d'intérêt public? Man-
queront-ils d'accusateurs quand ils leur accordent pour
récompense une partie des dépouilles? Nous avons vu
depuis quinze ans l'espionnage, la délation excités, fa-
vorisés, récompensés. Que fut devenue notre pauvre
France si la confiscation eût existé! Nous étions replon-
gés pour jamais dans l'abîme des révolutions.

Reconnaissance éternelle à l'immortel auteur de notre
charte! c'est à sa sagesse que nous devons cet important
bienfait. Sans doute il a existé quelques secousses iné-
vitables dans de grandes commotions politiques, mais
tous les élémens de bonheur nous les possédons en nous-
mêmes. Les fautes sont devenues personnelles : on ne
détruit plus une famille pour punir un coupable; chacun peut se livrer au travail avec confiance, il vit et
meurt dans l'espoir assuré de travailler pour ses enfans.
C'est à cette mesure salutaire qu'est due l'amélioration
progressive de notre crédit. Les moins clairvoyans ont
été convaincus de la sagesse profonde de notre pacte
fondamental. La confiscation abolie a été la preuve la
plus manifeste de la ferme volonté de cicatriser nos
plaies, et d'asseoir les fondemens du trône constitu-
tionnel sur des bases inébranlables et indestructibles.
Français, sachez être heureux, appréciez votre bonheur ; vos institutions vous protégent ; ayez confiance

dans vos députés, dans les sermens augustes de votre roi. Des conseils perfides peuvent le surprendre et voudraient l'égarer peut-être : mettez votre espérance dans la bonté de son cœur ; la vérité ne peut tarder de se faire entendre. Vous avez tous les mêmes vœux, les mêmes désirs ; vous ne voulez tous que l'accomplissement de la charte ; soyez unis, et ne formez qu'un seul faisceau pour la défendre.

A l'avènement de Charles X au trône de France, l'allégresse fut générale. Le commencement de son règne fut un bienfait, la presse fut délivrée de ses entraves ; l'ame du gouvernement représentatif, elle en est le plus ferme soutien. Sentinelle vigilante, elle protége nos institutions et nos lois ; c'est la sauve-garde des biens, de l'honneur, de la vie, de tous les citoyens. Au-dessus de la richesse, du rang, du pouvoir, elle flétrit le vice, honore la vertu ; elle est la dernière ressource de l'innocence opprimée ; elle signale tous les abus, toutes les fraudes sont livrées au grand jour. Le châtiment de la publicité épure nos mœurs. L'appât du gain, le sordide intérêt, font encore braver le cri public par des marchés scandaleux. Des voix généreuses se sont vainement fait entendre, le monopole continue. C'est à la fermeté de nos députés, en discutant le budjet, de réclamer impérieusement la cessation de ce scandale, en exigeant à l'avenir la plus grande publicité, et en admettant, sans aucune faveur ni restriction, tous les individus à la libre concurrence.

Les Français, malgré tous leurs revers, sont salués par toutes les nations du nom de grand peuple ; c'est au gouvernement représentatif qu'ils doivent leur prospérité. Les fortunes sont plus divisées, l'aisance plus générale ; les mœurs plus pures, fortement empreintes dans les cœurs, fourniront les plus beaux exemples aux siècles à venir.

Un noble citoyen consacra sa jeunesse au service de son pays dans un temps d'orage. Toujours au poste de l'honneur, les malheurs de la patrie purent seuls écarter de nos rangs un de ses plus vaillans défenseurs ; sa grande ame n'exhalait aucune plainte, il savait concentrer ses regrets. La liberté fut menacée : le peuple le choisit ; il se dévoua tout entier à sa défense. Son éloquence devint le soutien de toutes les infortunes. Il releva l'honneur national insulté, il sut exalter l'honorable misère de ses compagnons de gloire. Modéré dans ses discours, le fiel de la haine lui était étranger ; son génie subtil éclaircissait les difficultés des discussions. Le premier de tous les orateurs, il fit disparaître les opinions, et réunit sous le même étendard tous les défenseurs de la liberté. Cette devise, honneur et patrie, qui décorait sa poitrine, et qui était gravée dans son cœur, il sut la rappeler par ses nobles accens, et la France entière applaudit avec transport. A tous les cris du fanatisme, au délire des factions imprudentes, il opposa le langage de la raison et de la vérité. Organe fidèle des vœux de la patrie, il lui consacra tous ses instans ; il succomba à de si nobles travaux. Je l'avais vu quelque temps avant sa mort ; il ne se plaignait point. J'eus le bonheur de converser avec lui une heure entière. Qui m'eût dit alors que je le voyais pour la dernière fois !

Le héros citoyen n'est plus : Paris est dans les larmes, la France dans le deuil ; sa dépouille mortelle s'avance lentement vers la tombe à travers la foule nombreuse accourue de toutes parts pour lui rendre un dernier hommage. Un cortége, composé de ce que Paris renferme de plus distingué, au nombre de 60,000, défile tristement au milieu d'une haie des deux côtés beaucoup plus nombreuse. Partout sur son passage les larmes, le recueillement, la douleur. Parvenu avec peine à son dernier asile, Casimir Périer, organe de la France entière, à peine a prononcé ces paroles, la France adopte la famille de son défenseur, qu'une acclamation universelle se fait entendre. Enfin un dernier adieu est prononcé, il est répété avec enthousiasme : Honneur au général Foy !

Une souscription est ouverte à Paris et dans les départemens, elle est bientôt remplie. La veuve et les enfans du général Foy appartiennent à la patrie, ils sont dotés par elle ; le moindre citoyen est venu déposer son offrande. L'antiquité offre-t-elle l'exemple d'un plus grand citoyen ? Jamais peuple a-t-il été plus imposant dans sa douleur, plus unanime dans sa reconnaissance ? Voilà l'effet du gouvernement représentatif sur nos mœurs.

Le Français est vif, léger, ardent, généreux ; sa bonté même le rend plus facile à séduire. Au milieu d'une grande cité, dans une population de 800,000 ames, il existe nécessairement une écume de la société, quelques individus adonnés à tous les excès, sans considération, sans crédit, sans ressources. Une police vigilante a les yeux toujours en sentinelle, elle comprime leur audace, prévient le crime quand elle peut l'empêcher, et saisit le coupable dès qu'il est devenu criminel. Veut-on fomenter le désordre, rien n'est plus facile. Lâchez la bride à cette tourbe qu'on retient sans cesse, répandez des largesses avec profusion, promettez-leur l'impunité : le crime est leur élément ; ils applaudiront à vos projets, ils vous seconderont avec joie. Tels ont été malheureusement les crimes que nous avons eus à déplorer, et les massacres de la rue Saint-Denis sont venus attrister tous les cœurs français.

Sans doute la troupe fut insultée, non par le peuple, mais par de vils provocateurs ; des excès furent commis, non par les soldats, mais par des scélérats mêlés parmi eux ; ils excitaient au crime, pour avoir le prétexte de punir. Le sang français avait coulé, la discorde agitait ses torches ensanglantées, les cœurs ulcérés étaient affamés de vengeance. Gloire éternelle aux députés de la nation ! Ils dénoncent ces crimes à la tribune nationale, ils prouvent le machiavélisme des agens qui ont conduit cette intrigue, leur masque est arraché ; ils exhortent le peuple à conserver le calme, à saisir eux-mêmes les agens qui les excitent à la révolte. A des cris de fu-

reur a succédé le silence de la douleur et de la résigna-
tion. Le peuple, confiant en ses lois, écoute paisible-
ment la voix de ces pères de la patrie. Est-il immoral
ce peuple égaré, furieux, que le langage de la raison
suffit pour désarmer ? Les Anglais possèdent le gouvernement représentatif depuis des siècles. Peut-on citer
un pareil exemple dans leurs annales ? Nos mœurs constitutionnelles peuvent leur servir de modèle; ils peuvent
répéter avec l'amiral anglais ces paroles que lui arracha
l'enthousiasme : « La nation française est mal connue.
Je suis maintenant convaincu qu'elle tient profondé-
ment au gouvernement représentatif, et qu'elle est digne de la liberté. »

A la clôture de la session, un ministère antinational
est venu épouvanter la France. Aux premiers momens
d'effroi a succédé le calme de la force ; elle a senti toute
sa dignité. Wellington, ce Don Quichote de la gloire,
ce héros de Toulouse, où malgré les traîtres il perdit
plus de soldats qu'il n'y avait de braves dans l'armée
française, a jeté parmi nous ce brandon des discordes
civiles. Sa reconnaissance ose ériger la trahison en vertu,
il s'associe à l'infamie. Soyez satisfait, magnanime héros, elle ornera votre couronne d'immortalité. Les
Français connaissent l'immoralité de la politique étran-
gère ; ils savent que tous leurs efforts tendent à nous
désunir. Comment ont-ils répondu à ces provocations ?
Chose inouïe dans nos mœurs constitutionnelles, on a
refusé le ministère. Pas un citoyen généreux qui n'ait
rougi de cette association. Le vainqueur de Navarin eût
cru flétrir ses lauriers. A peine a-t-on connu cette noble
conduite, les démissions en foule ont succédé, les partis se sont confondus dans un même vœu, la charte
constitutionnelle, rien que la charte.

Le vétéran de la liberté des deux mondes fesait un
voyage de famille à Grenoble ; le pouvoir a voulu com-
primer l'opinion nationale, il lui a donné un nouvel
élan. Au moment où le gouvernement représentatif est
ébranlé, comment témoigner la fermeté de le mainte-

nir? On honore le courage de son plus vaillant défenseur. Quelle fête plus grandement nationale a été
offerte à un citoyen! quel immense concours! quel
ordre! quel spectacle imposant! quel enthousiasme!
Pas une écharpe, pas une bayonnette, pas un gen-
darme, pas un désordre, pas une seule dispute, pas
une seule arrestation. Les Lyonnais ont été les inter-
prètes de la France entière. Illustre Lafayette, toi dont
le courage égale les vertus, compagnon de gloire, ami
de Washington, l'Amérique te doit sa liberté, la nation française reconnaissante te proclame son plus
grand citoyen, tous les peuples applaudissent à ton
triomphe. Puisses-tu vivre encore pour consolider nos
institutions, et ne t'endormir dans le sein des justes
qu'après avoir pu contempler notre bonheur!

CONCLUSION.

L'influence opérée en France depuis quinze ans par
le gouvernement représentatif sur la littérature et sur
les mœurs, est incalculable. Le cœur de chaque citoyen est devenu un foyer de patriotisme. Jamais les
devoirs de père, de fils, d'époux, n'ont été mieux remplis. Le vice a beau se décorer de titres brillans, l'opinion le repousse et le flétrit, la vertu pauvre est ho-
norée, l'indigent malheureux est secouru, la fainéantise
et la paresse diminuent chaque jour, le travail est en-
couragé, l'égoïsme devient plus rare et fait place à la
philanthropie. Les Français sont un peuple de frères.
Un incendie, une inondation, un désastre quelconque,
excitent la compassion, l'effroi; chacun est saisi d'une
noble émulation, le malheur est secouru.

L'instruction se propage, l'imprimerie a pris un essor inconnu à nos devanciers, le bas prix des meilleurs

ouvrages répand le goût de la littérature. L'éducation mieux entendue est plus soignée ; le charlatanisme, les abus, les préjugés, s'écroulent de toutes parts ; on est savant sans pédanterie. Le goût des arts a gagné toutes les classes de citoyens. Le spectacle beaucoup plus suivi est devenu l'amusement favori d'un grand peuple, le goût s'est épuré. On préfère à la peinture des rois et de leurs courtisans les mœurs de nos jours; chacun y reconnaît ses travers, ses ridicules, on rit volontiers de soi. Grace au génie de nos compositeurs modernes, l'opéra retentit du nom de la liberté, et nos plaisirs échauffent notre patriotisme. Quelques monstruosités sont venues souiller la scène française : espérons que la chute de ces ouvrages dégoûtera les auteurs de traiter de pareils sujets à l'avenir.

La science unie avec les arts augmente la prospérité publique, les fabriques se multiplient, l'agriculture se perfectionne, s'enrichit de découvertes nouvelles et augmente ses produits. La liberté de la presse veille à la sûreté de tous; les haines nationales disparaissent, et les Français ne rivalisent avec les autres peuples de la terre que par l'industrie; ils ne veulent les surpasser que par leurs vertus.

FIN